U0116826

Chinesisches Qigong für die Gesundheit

Liu Zi Jue

Zusammengestellt von der Chinesischen Gesellschaft
für Gesundheit und Qigong

Verlag für fremdsprachige Literatur Beijing

Erste Auflage 2008

Übersetzung: Dorian Liedtke
Lektorat: Ren Shuyin

ISBN 978-7-119-05432-2
©Verlag für fremdsprachige Literatur

Herausgeber:
Verlag für fremdsprachige Literatur
Baiwanzhuang-Str. 24, 100037 Beijing, China
Homepage: www.flp.com.cn

Vertrieb:
China International Book Trading Corporation
Chegongzhuang Xilu 35, Postfach 399, 100044 Beijing, China

Vertrieb für Europa:
CBT China Book Trading GmbH
Max-Planck-Str. 6A, D-63322 Rödermark, Deutschland
Homepage: www.cbt-chinabook.de
E-Mail: post@cbt-chinabook.de

Druck und Verlag in der Volksrepublik China

Vorwort

Liu Zi Jue, oder Liu Zi Qi Jue, ist eine Gruppe traditioneller Übungen für Gesundheit und Fitness, deren Schwerpunkt auf kontrollierter Atmung liegt. Der Band *Qigong-Übungen für Gesundheit und Fitness – Liu Zi Jue* ist Teil der Reihe Chinesisches Qigong für die Gesundheit, zusammengestellt von der chinesischen Gesellschaft für Gesundheit und Qigong.

Liu Zi Jue reguliert und kontrolliert das Aufsteigen und Abfallen des Qi, der Lebensenergie, innerhalb des Körpers und der damit verbundenen Methoden zur Ein- und Ausatmung durch verschiedene Mundformen. Es gibt insgesamt sechs Übungen zur Atmung und Bildung der Laute „XU, HE, HU, SI, CHUI und XI". Diese Übungen stärken Leber, Herz, Milz, Lungen, Nieren und die Sanjiao, die drei Körperhöhlen, welche die inneren Organe beherbergen. Liu Zi Jue hilft, die Energie und die Funktionen der inneren Organe ins Gleichgewicht zu bringen.

Die Übungen bestehen aus langsamen, sanften, ausgreifenden und anmutigen Bewegungen. Die leicht zu erlernenden und durchzuführenden Übungen sind sicher und zuverlässig und daher für Personen aller Altersgruppen und in unterschiedlichem Gesundheitszustand geeignet.

Untersuchungen haben gezeigt, dass die Praktizierenden die Übungen des Liu Zi Jue als leicht und anmutig empfinden. Darüber hinaus berichteten die Befragten von einer allgemeinen Verbesserung ihrer Lebensqualität. Die Verbesserung der sozialen Beziehungen, besonders in Bezug auf die Verwandtschaft, sowie die Reduzierung von Familienstreitigkeiten, zählen zu den wichtigsten der positiven Auswirkungen der Übungen. Es wird angenommen, dass dies das Ergebnis der sanften, Gefühle und Emotionen beruhigenden Atemübungen ist. Studien und medizinische Tests haben außerdem festgestellt, dass die Übungen sicher, zuverlässig und frei von Nebenwirkungen sind. Sie helfen bei der Heilung von chronischen Krankheiten wie Bluthochdruck, Hyperlipidämie und hohem Blutzucker.

Inhalt

Kapitel I Ursprung und Entwicklung-------------------------------1

Kapitel II Charakteristika---5

Kapitel III Tipps für die Praxis-----------------------------------9

Kapitel IV Schrittweise Beschreibung der Übungen--------15

Grundstellung--16

Ausgangsposition--17

XU-Übung ---22

HE-Übung--27

HU-Übung ---37

SI-Übung---41

CHUI-Übung---51

XI-Übung---61

Abschlussposition---69

Anhang: In dem Buch erwähnte Akkupunkte----------------71

Kapitel I
Ursprung und Entwicklung

Der Begriff Liu Zi Jue erschien zum ersten Mal in einem Buch mit dem Titel *Über die Pflege der Gesundheit des Geistes und die Verlängerung des Lebens*, das von Tao Hongjing in der Zeit der Südlichen- und Nördlichen-Dynastien (420–589) verfasst wurde. Tao war eine der führenden Persönlichkeiten der Maoshan-Schule des Daoismus und bekannt für seine umfassenden Kenntnisse der traditionellen chinesischen Medizin. „Es gibt bloß eine Methode einzuatmen, aber sechs auszuatmen: CHUI, HU, XI, HE, XU und SI. CHUI vertreibt die Hitze; HU vertreibt den Wind; XI vertreibt die Sorgen; HE fördert die Zirkulation der Energie; XU vertreibt die Kälte; und SI vermindert den Stress", schreibt Tao in seinem Werk. Weiter erklärte er: „Personen mit Herzkrankheiten sollten CHUI und HU praktizieren, um Kälte und Hitze zu vertreiben. Menschen mit Lungenkrankheiten sollten XU praktizieren, um Schwellungen entgegenzuwirken. Menschen, die Schwierigkeiten mit der Milz haben, sollten XI praktizieren, um Stress abzubauen. Und Menschen, die an einer Leberkrankheit leiden, kann HE helfen, sie zu heilen."

Zou Pu'an lebte in der Song-Dynastie (960–1279) und hat im Hinblick auf Theorie und Praxis viel zur Überlieferung der Übungen beigetragen. In seinem Buch mit dem Titel *Der Sechs-Zeichen-Spruch des Höchsten Meisters* (太上玉轴六字气诀) empfiehlt er: „Du darfst selbst nichts hören, wenn du die Laute bildest. Wenn du mit dem Artikulieren fertig bist, schließe deinen Mund, senke deinen Kopf und atme durch die Nase langsam frische Luft aus dem Universum ein. Du darfst auch nichts hören, wenn du einatmest." Außerdem empfiehlt Zou einige vorbereitende Bewegungen, wie zum Beispiel schnell und wiederholt der Zähne aufeinander zu beißen, die Vorderseite der Zähne bei geschlossenen Lippen abzulecken und Speichel herunter zu schlucken.

Bis zur Ming-Dynastie (1368–1644), als Hu Wenhuan das Buch *Tips für die Gesundheitspflege* und Gao Lian das Buch *Acht Bände über die Gesundheitspflege* verfassten, wurden die Übungen des Liu Zi Jue nicht von Körperbewegungen begleitet. So nahmen Gao und Hu in ihre Bücher zum Beispiel einen Abriss der Übungen des Liu Zi Jue zum Bekämpfen von Krankheiten und zur Verlängerung der Lebensspanne auf, in dem kontrollierte Atmung mit körperlichen Übungen verbunden wird: „Öffne deine Augen weit, wenn du die XU-Übung für die Leber machst. Hebe deine Arme, wenn du die SI-Übung für die Lungen durchführst. Strecke deinen Kopf und lege deine Hände übereinander, wenn du die HE-Übung für das Herz vollziehst. Halte deine Knie auf einer Höhe, wenn du die CHUI-Übung für die Nieren durchführst. Spitze deine Lippen, so dass sie eine runde Mundöffnung bilden, wenn du die HU-Übung für die Milz durchführst und lege dich hin, wenn du die XI-Übung zur Vertreibung der Hitze aus den Sanjiao praktizierst."

Es gibt eine Reihe verschiedener Übungsschulen, die Elemente des Liu Zi Jue beinhalten, darunter Yi Jin Jing (Klassiker zur Stärkung von Muskeln und Sehnen), E Mei Zhuang (Emei-Übungen), Xing Yi Quan (Schattenboxen der 12 Tiere), Ba Gua Zhang (Die Handfläche

3

der acht Diagramme) sowie Da Yan Gong (Wildgansübungen). Allerdings dienen die in diesen dynamischen Qigong-Übungen gebildeten Laute als Unterstützung der körperlichen Übungen, wodurch sie sich von Liu Zi Jue unterscheiden. Ein autoritatives Werk zu diesem Thema ist Ma Litangs *Liu Zi Jue – Übungen für Fitness und Gesundheit*, das für die klinische Anwendung verfasst wurde.

Die theoretische Grundlage der Übungen des Liu Zi Jue stimmt mit den antiken Theorien der traditionellen chinesischen Medizin zu den Fünf Elementen (Metall, Holz, Wasser, Feuer und Erde) sowie den Fünf festen Organen (Herz, Leber, Milz, Lungen und Nieren) überein. Bei Fragen zur Form des Mundes oder den Methoden der Lautbildung sind sie sich auch ähnlich. Die Körperbewegungen und der Geist folgen der Richtung, die das Gesetz der traditionellen chinesischen Medizin über die innere Zirkulation in den Meridianen angibt. Allerdings ist eine Standardisierung problematisch, da es unterschiedliche Ansichten zur Bildung der Laute HE und SI, den korrekten Mundformen und ob die Laute überhaupt gebildet werden sollten, dem Zusammenhang zwischen den Lauten und den inneren Organen sowie der Reihenfolge der Laute in der Praxis gibt. Es gibt eine besondere Beziehung zwischen der Bildung der Laute und den begleitenden Bewegungen, aber sie bedürfen der Überprüfung durch wissenschaftliche Theorien und Tests. Die Autoren dieses Buches haben vor der Zusammenstellung des neuen Konzepts der Übungen, die leicht zu lernen und zu praktizieren sind, zahlreiche Nachforschungen in dieser Hinsicht unternommen.

Kapitel II

Charakteristika

Zur Lautbildung erforderliche Mundformen

Liu Zi Jue umfasst besondere Mundformen, die das Aufsteigen und Abfallen des Qi (Lebensenergie) im Körper und die damit verbundene Aus- und Einatmung regulieren und kontrollieren sollen. Die Methoden der Atmung und der Bildung der Laute XU, HE, HU, SI, CHUI und XI machen Liu Zi Jue zu einer einzigartigen Übung, mit dem Ziel, die Energie und die Funktion der inneren Organe ins Gleichgewicht zu bringen. Die Autoren haben versucht, die Mundformen und die damit verbundenen Methoden zur Lautbildung zu standardisieren. Diese Anstrengungen haben zu einem vollständigen System, bestehend aus unabhängigen und interaktiven Elementen, geführt.

Atmung, Bewegung und die Kultivierung von Energie

Mit der Konzentration auf die Atmung und die Bildung der notwendigen Laute bietet Liu Zi Jue eine wissenschaftliche Anleitung, die durch die Regulierung der inneren Organe und die Förderung der Muskeln und Knochen allgemein zu Gesundheit und Fitness beiträgt. Ge Hong, der in der östlichen Jin-Dynastie (317–420) lebte, beschreibt diese Auswirkungen in seinem Buch: „Menschen, welche die wahre Bedeutung der Atmung kennen, können sich einer guten inneren Zirkulation der Energie erfreuen, die lebenswichtig für die Gesundheit ist.

Menschen, welche die Methoden zur Anwendung von Kraft und zur Entspannung kennen, können mit einem langen Leben rechnen."

Dynamik, Ruhe und Anmut

Liu Zi Jue besitzt die Charakteristika des Qigong und strahlt einen einzigartigen Charme aus, geprägt von Ruhe und Anmut. Seine Bewegungen sind ausgreifend, langsam, sanft und anmutig wie fließendes Wasser und treibende Wolken. Seine mysteriösen und greifbaren Wirkungen sind, als würde jemand Qi eingeflößt. Dies führt zu einer anmutigen Integrität von Körper, Verstand und Geist. Die Bildung der Laute muss gleichmäßig und anhaltend und die Bewegungen müssen entspannt und langsam sein. Selbst in bewegungslosen Positionen ist eine regulierte Atmung erforderlich. All dies versetzt den Praktizierenden in einen ruhigen aber dynamischen Zustand, der die Zirkulation der Lebensenergie und die Funktionen der inneren Organe verbessert.

Einfach, zuverlässig und effektiv

Die Übungen basieren auf der Bildung der sechs Laute während des Ausatmens und werden von typischen und einfachen Bewegungen begleitet. Die neun Bewegungen, einschließlich der Ausgangs- und der Abschlussposition, sind alle leicht zu erlernen und zu praktizieren. Die Praxis der Übungen erfordert vom Verstand, in jedem Bewegungsabschnitt der Zirkulation des Qi zu folgen, um die innere Energie zu kultivieren. Da in den Übungen weder kompliziertes spirituelles Streben noch schwierige, intensive Bewegungen vorkommen, sind sie sicher und zuverlässig und besonders für ältere oder körperlich benachteiligte Menschen geeignet.

Kapitel III

Tipps für die Praxis

Liu Zi Jue ist eine Gruppe von Qigong-Übungen für Gesundheit und Fitness, in deren Zentrum die von einfachen Bewegungen begleitete Atmung steht. Anschließend einige Empfehlungen:

Mundformen und der Luftstrom

Die Konzentration sollte auf die korrekten Mundformen und den Luftstrom gerichtet sein, wenn er Hals, Zunge, Zähne und Lippen passiert. Die sechs Mundformen und die mit ihnen verbundenen Wege des Luftstroms haben eine bedeutende Wirkung auf die vitale innere Energie und die Funktionen der inneren Organe. Die richtige Mundform wird unter zwei Aspekten bewertet: die Bildung der Laute sowie das Gefühl, das der Luftstrom bei jedem der sechs Laute verursacht.

Anfänger können zuerst die Bildung der Laute und die entsprechenden Mundformen üben, bis sie die Laute korrekt bilden können. Anschließend sollte der Übende versuchen, beim Ausatmen eine leichte und sanfte Betonung des Lautes zu erreichen. Abschließend sollte er eine ruhige Atmung annehmen.

Den Verstand mit Atmung und Bewegung in Einklang bringen

Der Verstand sollte sich im Einklang mit den entspannten und ausgreifenden Bewegungen, der gleichmäßigen und kontinuierlichen Atmung und der Bildung der Laute befinden. Allerdings ist eine übermäßige Konzentration kontraproduktiv. Die Übungen sollten in einer koordinierten und natürlichen Weise vollzogen werden. Eine übermäßige Konzentration kann zu harten Bewegungen und einer hastigen Atmung führen. Der Körper sollte vollständig entspannt sein und übermäßige Anstrengung sollte vermieden werden. Nur bei ruhigem Verstand und entspanntem Körper ist es möglich, Atmung und Puls zu verlangsamen, um eine optimale Atemfrequenz zu erreichen. Steife Bewegungen als Ergebnis übermäßigen Denkens können das innere Gleichgewicht und die Funktionen der Organe stören. Eine interaktive Kombination erfordert die Konzentration auf die Atmung, wobei die Bewegungen nur eine unterstützende Funktion haben.

Die Kontrolle der Atmung

Atmung besteht aus natürlicher Atmung und Bauchatmung. Bauchatmung kann in direkte und rückläufige Atmung unterteilt werden. Liu Zi Jue verwendet rückläufige Atmung, welche erfordert, dass der Brustkorb beim Beginn des Einatmens durch die Nase ausgedehnt und der Bauch eingezogen wird. Diese Abfolge wird beim Ausatmen durch den Mund umgekehrt. Dadurch werden die Auf- und Abwärtsbewegungen des Zwerchfelles erhöht, wodurch die inneren Organe effektiv massiert und die Zirkulation von Blut und Lebensenergie verbessert wird. Anfänger sollten sich vergegenwärtigen, dass der Atmung nur sehr geringe bewusste Aufmerksamkeit zuteil werden sollte. Die Atmung sollte sanft, ausgedehnt, unbewusst und anhaltend sein. Es sollte nicht absichtlich Kraft angewendet werden. Außerdem sollten übermäßige Anstrengungen beim Ausstrecken oder Einziehen des Bauches unter allen Umständen vermieden werden.

Koordination von Atmung und langsamen, entspannten und sanften Bewegungen

Der wichtigste Übungsinhalt des Liu Zi Jue ist die Atmung. Sie wird von Bewegungen begleitet, die das Qi, die Lebensenergie, leiten und helfen, die Gelenke zu beugen und Kraft und Funktionen von Muskeln und Knochen zu fördern. Die Koordination zwischen Atmung und Bildung der Laute sowie den körperlichen Übungen sollte in einer lockeren, entspannten, langsamen und sanften Weise erfolgen, um eine Störung der gleichmäßigen und anhaltenden Atmung und der Lautbildung zu vermeiden.

Schritt für Schritt zur Konsistenz

Zur Durchführung der Übungen ist am besten ein ruhiger Ort mit frischer Luft geeignet. Ein lockerer Trainingsanzug oder andere bequeme Kleidung unterstützt die Zirkulation von Energie und Blut und macht die Bewegungen einfacher. Ein entspannter Körper und Geist helfen dem Übenden, sich vollständig auf die Übung zu konzentrieren

Die Übungen sollten schrittweise durchgeführt werden. Geschwindigkeit, Intensität, Länge der Atemübungen sowie der Zeitpunkt des Übens können den körperlichen Voraussetzungen der Übenden angepasst werden. Nach dem Abschluss des Trainings ist es empfehlenswert, die Handflächen und das Gesicht abzureiben und einen Spaziergang zu machen, um den Ausgangszustand wiederzuerlangen.

Voraussetzungen für den Erfolg der Übungen sind Ausdauer und Vertrauen in die Auswirkungen auf Gesundheit und Fitness.

Kapitel IV

Schrittweise Beschreibung
der Übungen

Grundstellung

Stehen Sie gerade. Die Füße stehen parallel und schulterweit auseinander, die Knie sind leicht gebeugt. Halten Sie Hals und Kopf aufrecht, ohne sie zu strecken. Ziehen Sie das Kinn leicht ein und den Brustkorb zusammen. Stehen Sie aufrecht, wobei die Arme locker an der Seite des Körpers hängen. Schließen Sie den Mund, so dass Ober- und Unterkiefer aufeinander liegen. Die Zunge liegt flach im Mund, wobei ihre Spitze leicht den Oberkiefer berührt. Die Augen sind geradeaus und nach unten gerichtet. [Abb. 1]

Abb. 1

Zu berücksichtigen

☐ Atmen Sie natürlich durch die Nase.
☐ Halten Sie Ihren Verstand ruhig und den Körper entspannt. Lächeln Sie leicht.

□ Die Knie sind nicht ausreichend oder zu stark gebeugt, wodurch Hüft- und Kniegelenke steif sind.

□ Die Brust wird herausgedrückt und der Blick ist zu weit in die Ferne gerichtet.

Korrektur

□ Halten Sie die Knie leicht gebeugt. Die Gelenke sind entspannt.

□ Ziehen Sie das Kinn ein. Richten Sie den Blick nach vorne und unten. Strecken Sie Ihre Wirbelsäule und ziehen Sie die Schultern leicht zusammen.

Funktionen und Auswirkungen

□ Die Übung hilft, den Körper zu entspannen und den Geist zu beruhigen. Außerdem reinigt sie Meridiane wie den Renmai (auch als Konzeptionsgefäß bezeichnet; der Renmai zieht sich entlang der hinteren Mittellinie des Körpers) und den Dumai (auch Lenkergefäß genannt; der Dumai zieht sich entlang der vorderen Mittellinie des Körpers), wodurch die Zirkulation von Blut und Lebensenergie verbessert wird.

□ Darüber hinaus hilft die Übung den Praktizierenden, zentriert zu bleiben, um Lebensenergie zu kultivieren. Sie entspannt den Geist und reduziert Stress.

17

Ausgangsposition

Die Übung schließt unmittelbar an die vorangegangene Übung an. Beugen Sie die Ellbogen so, dass die Handflächen nach oben gerichtet sind und die Finger aufeinander zeigen. Heben Sie die Handflächen langsam bis auf die Brusthöhe. Der Blick ist geradeaus gerichtet. [Abb. 2-3]

Abb. 2 Abb. 3

Drehen Sie die Handflächen nach innen und dann nach unten. Drücken Sie die Handflächen langsam bis auf Höhe des Bauchnabels nach unten. Die Augen sind geradeaus und nach unten gerichtet. [Abb. 4-5]

Abb. 4 Abb. 5

Beugen Sie die Knie leicht und senken Sie den Po. Drehen Sie die Handflächen zuerst nach innen und dann nach außen. Drücken Sie die Arme langsam nach vorne und bilden Sie auf Höhe der Taille einen Kreis. [Abb. 6] Drehen Sie die Handflächen nach innen. [Abb. 7 und 7A]

Abb. 6

Abb. 7

Abb. 7A

Heben Sie den Po langsam an. Ziehen Sie die Hände zurück und legen Sie sie auf dem Bauchnabel übereinander, wobei Daumen und Zeigefinger der beiden Hände ineinander verschränkt sind. Atmen Sie natürlich, bis Sie eine ruhige Gemütsverfassung erlangt haben. Der Blick ist geradeaus und nach unten gerichtet. [Abb. 8 und 8A]

Abb. 8A

Abb. 8

Zu berücksichtigen

☐ Atmen Sie durch die Nase.

☐ Atmen Sie beim Anheben der Handflächen ein. Atmen Sie aus, wenn Sie die Handflächen nach unten und vorne drücken. Atmen Sie wieder ein, wenn Sie sie zurückziehen.

Häufige Fehler

☐ Beim Heben der Handflächen werden die Ellbogen nach hinten gezogen und die Brust wird herausgedrückt.

□ Brust und Unterleib werden herausgedrückt, wenn die Handflächen nach vorne gepresst werden.

□ Die Ellbogen werden zusammengezogen und die Hände werden zu fest auf den Bauchnabel gedrückt.

Korrektur

□ Bewegen Sie die Ellbogen nach vorne, um die Schultern zu spreizen. Ziehen Sie die Brust ein, wenn Sie die Handflächen anheben.

□ Verlagern Sie das Körpergewicht nach hinten und strecken Sie die Handflächen nach vorne, wenn Sie die Handflächen vor dem Unterleib nach vorne drücken.

□ Bewegen Sie die Ellbogen etwas nach außen und halten Sie die Achselhöhlen offen.

Funktionen und Auswirkungen

□ Das Heben, Nachunten- und Nachvorndrücken und Zurückziehen der Hände, begleitet vom rhythmischen Beugen und Strecken der unteren Gliedmaßen und der richtigen Atmung, helfen, die Zirkulation der inneren Energie zu regulieren. Außer der Belebung der Blut- und Energiezirkulation, bereitet die Ausgangsposition Geist und Körper auf den nächsten Teil der Übung vor.

□ Die rhythmischen und sanften Bewegungen von Taille und Kniegelenken helfen Personen im mittleren und fortgeschrittenen Alter, die Funktion dieser Gelenke zu verbessern.

XU-Übung

Übung 1

Diese Übung schließt unmittelbar an die vorangegangene Übung an. Öffnen Sie die Handflächen so, dass sie nach oben zeigen und die kleinen Finger die Taille berühren. Ziehen Sie die Hände entlang der Gürtellinie langsam an die Seiten zurück. Der Blick ist geradeaus und nach unten gerichtet. [Abb. 9] Halten Sie die Füße in der Ausgangsposition und drehen Sie den Oberkörper um 90

Abb. 9

Grad zur linken Seite. [Abb. 10 und 10A] Bewegen Sie die rechte Hand langsam bis auf Schulterhöhe nach vorne. Beim Ausatmen bilden Sie den Laut „XU". Öffnen Sie Ihre Augen weit und starren Sie fest in Richtung der rechten Handfläche. [Abb. 11 und 11A]

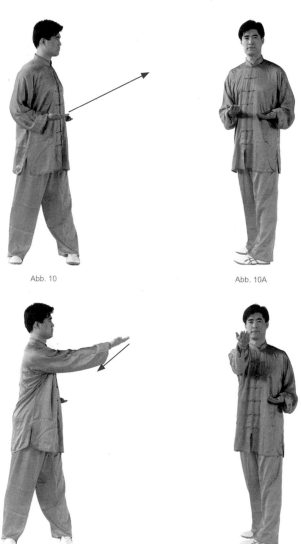

Abb. 10

Abb. 10A

Abb. 11

Abb. 11A

Ziehen Sie die rechte Hand an die Seite der Taille zurück. Drehen Sie Ihren Oberkörper wieder nach vorne. Der Blick ist geradeaus und nach unten gerichtet. [Abb. 12]

Drehen· Sie den Oberkörper um 90 Grad zur rechten Seite. [Abb. 13] Bewegen Sie die linke Handfläche bis auf Schulterhöhe nach vorne. Beim Ausatmen bilden Sie den Laut „XU". Öffnen Sie Ihre Augen weit und starren Sie fest in Richtung der linken Handfläche. [Abb. 14]

Abb. 12

Abb. 13

Abb. 14

Ziehen Sie die linke Hand an die Seite der Taille zurück. Drehen Sie Ihren Oberkörper wieder nach vorne. Der Blick ist nach vorne und nach unten gerichtet. [Abb. 15]

Wiederholen Sie die oben beschriebenen Bewegungen drei Mal mit der linken und drei Mal mit der rechten Seite. Bilden Sie dabei sechs Mal den Laut „XU".

Abb. 15

Zu beachten

□ Die Bildung des Lautes wird durch die Zähne unterstützt. Die Zähne des Ober- und des Unterkiefers sollten sich parallel zueinander befinden, wobei zwischen Zähnen und Zunge ein Leerraum besteht. Die Luft wird durch den Leerraum zwischen den Zähnen und zwischen den Zähnen und der Zunge ausgeatmet, wobei die Mundwinkel leicht nach hinten gezogen sind. [Abb. 16]

Abb. 16

25

□ Bilden Sie den Laut „XU" beim Ausatmen, während Sie Ihre Hand nach vorne bewegen. Atmen Sie bei dem Zurückziehen der Hand durch die Nase ein. Zwischen den Körperbewegungen und der Atmung ist eine enge Koordination notwendig.

Häufige Fehler

□ Körperbewegungen und Atmung sind nicht ausreichend koordiniert.

☐ Die Hand wird in die falsche Richtung bewegt.

☐ Das Zentrum des Körpergewichts wird bei der Drehung des Oberkörpers entweder nach vorne oder nach hinten verlagert.

Korrektur

☐ Synchronisieren Sie das Ausatmen und das Bewegen der Hand nach vorne so, dass Sie mit dem Abschluss der Bewegung ausgeatmet haben.

☐ Die Finger sollten zur linken oder rechten Seite zeigen, wenn die Hände in die entsprechende Richtung bewegt werden.

☐ Stehen Sie mit Ihrem Fuß fest verwurzelt und drehen Sie den Oberkörper entlang der vertikalen Körperachse.

Funktionen und Auswirkungen

☐ Die Theorie der traditionellen chinesischen Medizin besagt, dass die Leber auf die Bildung des Lautes „XU" reagiert und das Ausatmen und die Bildung des Lautes „XU" helfen, das Organ von trübem Qi zu befreien und seine Funktion zu regulieren. Starren mit den Augen hilft, die Kanäle der Leber zu reinigen und die Sehkraft zu verbessern.

☐ Die abwechselnden Bewegungen der Hände nach rechts und links helfen, die Funktionen der Leber zu fördern und die Zirkulation von Blut und innerer Energie zu verbessern.

☐ Die Drehungen des Oberkörpers trainieren die Organe im Bereich der Taille und des Unterleibs. Darüber hinaus verbessern sie bei Menschen im mittleren und fortgeschrittenen Alter die Funktionen der Taille, Knie und der Verdauung. Außerdem reinigen und regulieren sie den Daimai-Meridian (Gürtelgefäß), den Kanal der um die Taille herum führt, sowie die Zirkulation der Energie im gesamten Körper.

HE-Übung

Übung 2

1. Die Übung schließt unmittelbar an die in Abbildung 15 dargestellte Position der vorangegangene Übung an. Atmen Sie ein und heben Sie gleichzeitig die Hände an, deren kleine Finger die Seiten der Taille berühren. Die anderen Finger sind nach vorne und unten gerichtet. Der Blick ist nach vorne gerichtet. [Abb. 17] Beugen Sie die Knie, um in die Hocke zu gehen. Senken Sie Ihre Hände dabei um 45 Grad nach unten und bewegen Sie

Abb. 17

sich nach vorne, wobei die Arme leicht gebeugt und die Augen auf die Hände fixiert sind. [Abb. 18 und 18A]

2. Beugen Sie die Ellbogen leicht und ziehen Sie die Hände zurück. Die kleinen Finger der Hände sollten sich dabei berühren. Die Handflächen bilden eine offene Hohlform, zeigen nach oben und befinden sich auf Höhe des Bauchnabels in einer Art Hebeposition. Die Augen sind auf die Hände gerichtet. [Abb. 19 und 19A]

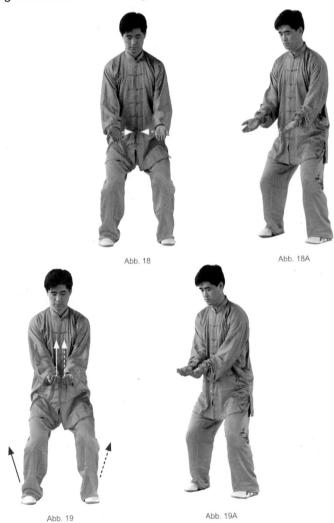

Abb. 18

Abb. 18A

Abb. 19

Abb. 19A

Abb. 20

3. Strecken Sie langsam Ihre Knie, um sich aufzurichten. Beugen Sie die Ellbogen und heben Sie die Hände bis auf Höhe des Brustkorbs, wobei die Handflächen in Richtung Brust zeigen und die Mittelfinger sich auf Höhe des Kinns befinden. Der Blick ist nach vorne und unten gerichtet. [Abb. 20 und 20A]

Abb. 20A

4. Heben Sie die Ellbogen nach außen bis auf Höhe der Schultern. Drehen Sie die Handflächen nach unten, wobei die Finger nach unten zeigen und sich die Handrücken der Hände berühren. [Abb. 21 und 21A] Senken Sie die Hände etwas. Der Blick ist nach vorne und unten gerichtet. [Abb. 22 und 22A] Während Sie die Hände senken, atmen Sie aus und bilden dabei den Laut „HE".

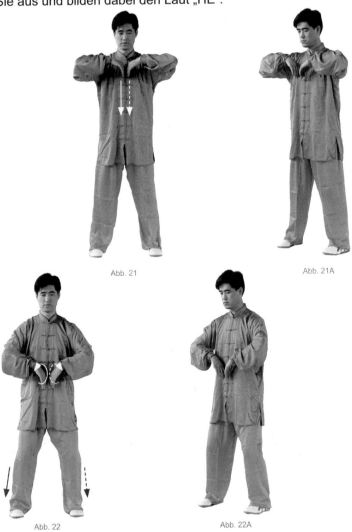

Abb. 21

Abb. 21A

Abb. 22

Abb. 22A

5. Beugen Sie die Knie, um leicht in die Hocke zu gehen, wobei Sie die Handflächen auf eine Position in Höhe des Bauchnabels nach unten senken. Drehen Sie die Handflächen nach unten und außen und drücken Sie sie langsam nach vorne, um mit den Armen einen Kreis zu formen. Der Blick ist nach vorne und unten gerichtet. [Abb. 23]

Abb. 23

6. Drehen Sie die Handflächen nach innen und dann nach oben. Ziehen Sie die Ellbogen nach innen zurück, um mit den Armen vor dem Unterleib eine Hebeposition zu bilden, bei der die Handflächen eine offene Hohlform einnehmen. Der Blick ist auf die Handflächen gerichtet. [Abb. 24, 25 und 26]

Abb. 24

Abb. 25

Abb. 26

Abb. 27

7. Strecken Sie langsam Ihre Knie, um sich aufzurichten. Beugen Sie die Ellbogen und heben Sie die Hände bis auf Höhe des Brustkorbes, wobei die Handflächen in Richtung Brust zeigen und die Mittelfinger sich auf Höhe des Kinns befinden. Der Blick ist nach vorne und unten gerichtet. [Abb. 27 und 27A]

33

Abb. 27A

8. Heben Sie die Ellbogen nach außen bis auf Höhe der Schultern. Drehen Sie die Handflächen nach unten, wobei die Finger nach unten zeigen und sich die Handrücken der Hände berühren. [Abb. 28 und 28A] Senken Sie Ihre Hände etwas. Der Blick ist nach vorne und unten gerichtet. [Abb. 29 und 29A] Während Sie die Hände senken, atmen Sie aus und bilden dabei den Laut „HE".

Abb. 28

Abb. 28A

Abb. 29

Abb. 29A

Wiederholen Sie diese Bewegungen fünf bis acht Mal. Bilden Sie dabei sechs Mal den Laut „HE".

Zu beachten

□ Die Zunge unterstützt die Bildung des Lautes „HE". Berühren Sie die hinteren Zähne des Oberkiefers leicht mit den Seiten der Zunge, wenn Sie ausatmen und den Laut bilden. Atmen Sie durch den Leerraum zwischen Zunge und Oberkiefer aus. [Abb. 30]

Abb. 30

□ Atmen Sie durch die Nase ein, wenn Sie die Hände anheben. Atmen Sie aus und bilden Sie den Laut „HE", wenn Sie die Hände nach unten bewegen und sie nach außen drücken.

Häufige Fehler

□ Die Brust wird heraus und der Kopf nach oben gedrückt, wenn die Hände angehoben und die Ellbogen gebeugt werden

35

Korrektur

□ Halten Sie den Kopf unten und ziehen Sie die Brust ein, wenn Sie die Ellbogen beugen.

Funktionen und Auswirkungen

□ Laut der Theorie der traditionellen chinesischen Medizin reagiert das Herz auf den Laut „HE". Das Ausatmen und Bilden des

Lautes „HE" helfen, die Funktionen des Herzens zu regulieren und das Herz von trübem Qi zu befreien.

☐ Das Heben und Senken der Hände fördert die Funktion der Nieren, die nach der traditionellen chinesischen Medizin mit dem Element Wasser im Einklang stehen. Das steigende Wasser hilft das Herzfeuer zu vertreiben, fördert die Funktion der Nieren und reguliert die Interaktion zwischen Herz und Nieren.

☐ Die sanfte und ununterbrochene Bewegung der Hände, Schultern, Ellbogen und Handgelenke sowie der weiteren betroffenen Gelenke, verbessert ihre Flexibilität und Koordination, wodurch sie besonders der Degeneration der Gelenke im Oberkörper von Menschen im mittleren und gehobenen Alter vorbeugt.

HU-Übung

Übung 3

1. Nachdem Sie, wie in der letzten Übung, die Hände nach außen gedrückt haben [Abb. 31], drehen Sie die Handflächen nach innen, so dass Sie in Richtung des Bauchnabels zeigen. Die Finger sind voneinander getrennt, leicht geneigt und zeigen aufeinander. Der Abstand zwischen den Handflächen entspricht ihrem Abstand zum Bauchnabel. Der Blick ist nach vorne und unten gerichtet. [Abb. 32]

Abb. 31

Abb. 32

2. Strecken Sie langsam die Knie, um sich aufzurichten. Bewegen Sie Ihre Hände langsam zu einer Position 10 Zentimeter vor dem Bauchnabel. [Abb. 33]

3. Gehen Sie leicht in die Hocke und bewegen Sie gleichzeitig die Hände nach außen, bis Sie mit den Armen einen Kreis bilden. Die Hände befinden sich im gleichen Abstand voneinander und zum Bauchnabel. Bilden Sie den Laut „HU". Der Blick ist nach vorne und unten gerichtet. [Abb. 34 und 34A]

Abb. 33

Abb. 34

Abb. 34A

4. Strecken Sie langsam die Knie, um sich aufzurichten. Bewegen Sie gleichzeitig Ihre Handflächen in Richtung Bauchnabel. [Abb. 35]

Wiederholen Sie die Bewegungen 3 und 4 insgesamt fünf Mal. Bilden Sie dabei sechs Mal den Laut „HU".

Abb. 35

Zu beachten

□ Die Bildung des Lautes „HU" wird durch die Kehle unterstützt. Während Sie Ausatmen und den Laut „HU" bilden, biegen Sie die Seiten der Zunge nach oben und spitzen die Lippen, sodass sie eine runde Mundöffnung bilden. Atmen Sie durch die Öffnung aus. [Abb. 36]

□ Atmen Sie ein, während Sie Ihre Hände dem Bauchnabel nähern. Atmen Sie aus und bilden Sie den Laut „HU", wenn Sie die Hände nach außen bewegen.

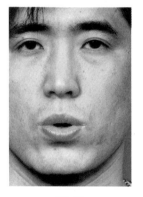

Abb. 36

☐ Taille und Unterleib werden herausgedrückt, wenn die Hände ausgestreckt werden.

Korrektur

☐ Senken Sie die Hüften, verlagern Sie das Körpergewicht nach hinten und wenden Sie auf Ihre Hände und Arme Kraft an, wenn Sie sie ausstrecken, wobei Taille und Hände sich in entgegengesetzte Richtungen bewegen.

Funktionen und Auswirkungen

☐ Nach der Theorie der traditionellen chinesischen Medizin reagiert die Milz auf die Bildung des Lautes „HU". Demnach helfen das Ausatmen und Bilden des Lautes „HU", Milz und Magen von trübem Qi zu befreien und ihre Funktion zu regulieren.

☐ Die Bewegung der Hände in Richtung des Bauchnabels und von ihm weg hilft, die innere Zirkulation aufzufrischen und die Bauchhöhle zu dehnen und zusammenzuziehen. Darüber hinaus hilft die Bewegung, die Organe und den Magen zu massieren, Milz und Magen zu stärken und Verdauungsstörungen zu beseitigen.

40

SI-Übung

Abb. 37

1. Diese Übung schließt an die in Abbildung 34 dargestellte Position an. Senken Sie die Hände, wobei die Handflächen nach oben und die Finger aufeinander zeigen. Der Blick ist nach vorne und unten gerichtet. [Abb. 37]

2. Strecken Sie langsam Ihre Knie, um sich aufzurichten. Heben Sie die Hände bis auf Höhe des Brustkorbs. Der Blick ist nach vorne und unten gerichtet. [Abb. 38]

Abb. 38

Abb. 39

3. Senken Sie die Ellbogen und ziehen Sie sie an die Seite zurück. Heben Sie die Hände bis auf Schulterhöhe, wobei die Finger nach oben zeigen. [Abb. 39 und 39A]

42

Ziehen Sie die Schulterblätter in Richtung Wirbelsäule zusammen, indem Sie Schultern und Brust spreizen. Neigen Sie den Kopf leicht nach hinten, während Sie den Nacken einziehen. Der Blick ist nach vorne und oben gerichtet. [Abb. 40, 40A und 40B]

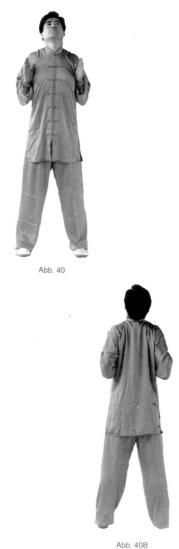

Abb. 40

Abb. 40A

Abb. 40B

4. Nehmen Sie eine leicht hockende Haltung ein, entspannen Sie gleichzeitig die Schultern und strecken Sie Ihren Hals gerade. Drücken Sie langsam die Handflächen nach vorne, während Sie den Laut „SI" bilden. Die Augen sind starr geradeaus gerichtet. [Abb. 41 und 42]

Abb. 41

Abb. 42

Abb. 43

5. Drehen Sie die Handgelenke in einer äußeren Kreisbewegung, bis die Handflächen nach innen zeigen. Die Hände befinden sich schulterweit auseinander und die Finger sind aufeinander gerichtet. [Abb. 43 und 44]

Abb. 44

6. Strecken Sie langsam Ihre Knie, um sich aufzurichten. Beugen Sie gleichzeitig Ihre Ellbogen und ziehen Sie Ihre Hände langsam bis auf eine Position circa 10 Zentimeter vor dem Brustkorb zurück. Die Handflächen weisen nach oben und die Finger zeigen aufeinander. Der Blick ist nach vorne und unten gerichtet. [Abb. 45]

7. Senken Sie die Ellbogen, bis sie die Rippen berühren. Heben Sie die Hände bis auf Schulterhöhe, wobei die Handflächen aufeinander gerichtet sind und die Finger nach oben zeigen. [Abb. 46 und 46A] Ziehen Sie die

Abb. 45

Abb. 46

Abb. 46A

Schulterblätter in Richtung Wirbelsäule zusammen, indem Sie Schultern und Brust spreizen. Neigen Sie den Kopf leicht nach hinten, während Sie den Nacken einziehen. Der Blick ist nach vorne und oben gerichtet. [Abb. 47, 47A und 47B]

Abb. 47

Abb. 47A

Abb. 47B

47

8. Nehmen Sie eine leicht hockende Haltung ein, entspannen Sie gleichzeitig die Schultern und strecken Sie ihren Hals gerade. Drücken Sie langsam die Handflächen nach vorne, während Sie den Laut „SI" bilden. Die Augen sind starr geradeaus gerichtet. [Abb. 48 und 49]

Wiederholen Sie die Bewegungen 5 bis 8 insgesamt vier Mal. Bilden Sie den Laut „SI" sechs Mal.

Abb. 48   Abb. 49

☐ Die Zähne unterstützen die Bildung des Lautes „SI". Bringen Sie zur Bildung des Lautes die Zähne des vorderen Ober- und Unterkiefers in eine Position parallel zueinander, wobei eine schmale Lücke zwischen ihnen bleibt. Die Zungenspitze berührt leicht die unteren Zähne. Atmen Sie die Luft durch die Lücke zwischen den Zähnen aus. [Abb. 50]

Abb. 50

☐ Atmen Sie aus und bilden Sie den Laut „SI", während Sie Ihre Hände ausstrecken. Drehen Sie die Handgelenke nach außen, wobei die Finger aufeinander zeigen. Atmen Sie durch die Nase ein, wenn Sie die Hände zurückziehen.

Häufige Fehler

☐ Zum selben Zeitpunkt werden die Handflächen angehoben, Schultern und Brust gespreizt und der Kopf nach hinten geneigt, um den Nacken zusammenzuziehen.

☐ Der Kopf wird zu weit nach hinten geneigt, wenn der Nacken zusammengezogen wird.

49

Korrektur

☐ Heben Sie zuerst Ihre Hände bis auf Höhe der Schultern. Spreizen Sie dann Schultern und Brust. Neigen Sie nun den Kopf ein wenig nach hinten, um den Nacken zusammenzuziehen. Diese Bewegungen sollten schrittweise durchgeführt werden.

☐ Ziehen Sie leicht das Kinn ein, wenn Sie den Kopf nach hinten neigen und den Nacken zusammenziehen.

Funktionen und Auswirkungen

☐ Nach der Theorie der traditionellen chinesischen Medizin reagieren die Lungen auf die Bildung des Lautes „SI". Demnach helfen das Ausatmen und die Bildung des Lautes „SI", die Lungen von trübem Qi zu befreien und ihre Funktionen zu regulieren.

☐ Das Spreizen von Schultern und Brust sowie das Einziehen des Nackens, wenn der Kopf ein wenig nach hinten geneigt wird, helfen die Lungen mit frischer Luft zu füllen. Das Zusammenziehen des unteren Unterleibs befördert innere Energie vom Akkupunkt Dantian (circa fünf Zentimeter unterhalb des Bauchnabel) aufwärts zur Brust. Das Zusammenlaufen von frischer Luft und Energie in der Brust hilft, die Atmung zu verbessern, und wirkt durch den Austausch von Qi, Blut und der Luft in den Lungen belebend.

☐ Das Anheben der Hände bis auf Schulterhöhe, das Entspannen der Schultern und das Nachvorndrücken der Hände stimuliert die Akkupunkte im Bereich der Schultern, reduziert die Müdigkeit in den Muskeln und Gelenken der Schultern, des Nackens und Rückens und beugt Problemen im Halswirbelbereich, Herzbeutelentzündungen und der Ermüdung der Rückenmuskulatur vor.

CHUI-Übung

Übung 5

1. Diese Übung schließt an die in Abbildung 49 beschriebene Position an. Strecken Sie die Hände aus, entspannen Sie Ihre Handgelenke und zeigen Sie mit Ihren Fingern nach vorne. Die Handflächen sind nach unten gerichtet. [Abb. 51]

Abb. 51

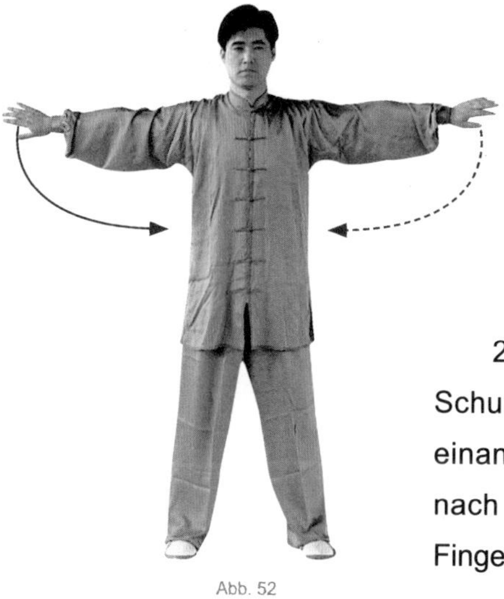

Abb. 52

2. Bewegen Sie die Arme auf Schulterhöhe zu den Seiten auseinander, wobei die Handflächen nach hinten geneigt sind und die Finger nach außen zeigen. [Abb. 52]

3. Drehen Sie die Arme nach innen. Bewegen Sie die Handflächen in einem Bogen hinter Ihre Taille. Die Handflächen berühren leicht den am Rücken, in der Nähe der Wirbelsäule gelegenen Akkupunkt Yaoyan. Die Finger zeigen in einem Winkel nach unten. Der Blick ist nach vorne und unten gerichtet. [Abb. 53, 53A, 54 und 54A]

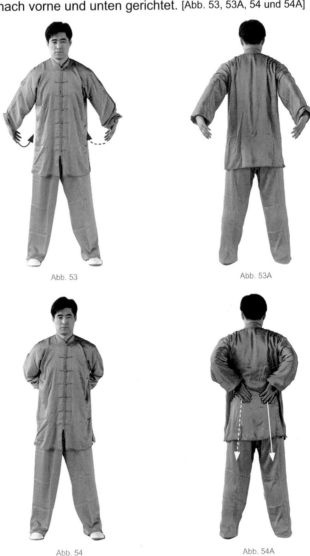

Abb. 53

Abb. 53A

Abb. 54

Abb. 54A

4. Beugen Sie die Knie leicht, um in die Hocke zu gehen. Bewegen Sie gleichzeitig Ihre Handflächen entlang der hinteren Taille, Hüften und Oberschenkel nach unten. Beugen Sie die Ellbogen, um Ihre Arme hinter Ihrem Körper hervor nach vorne zu bewegen und bilden Sie mit ihnen vor ihrem Unterleib auf Höhe des Bauchnabels einen Kreis. Die Handflächen zeigen nach innen und die Finger aufeinander. Der Blick ist nach vorne und unten gerichtet. [Abb. 55, 55A, 56, 56A und 57] Atmen Sie aus und bilden Sie den Laut „CHUI", wenn Sie die Hände von Ihrer hinteren Hüfte nach unten bewegen.

Abb. 55

Abb. 55A

53

Abb. 56

Abb. 56A

Abb. 57

5. Strecken Sie langsam Ihre Knie, um sich aufzurichten. Ziehen Sie gleichzeitig Ihre Handflächen zurück, um sanft den Unterleib zu berühren. Die Finger zeigen in einem schrägen Winkel nach unten und die Daumen zeigen aufeinander. Der Blick ist nach vorne und unten gerichtet. [Abb. 58]

Abb. 58

6. Bewegen Sie die Hände entlang der Taille nach hinten. [Abb. 59]

Abb. 59

7. Bewegen Sie die Hände bis
zu Ihrer hinteren Taille. Die Handflächen berühren leicht den am Rücken, in der Nähe der Wirbelsäule
gelegenen Akkupunkt Yaoyan. Die
Finger zeigen in einem Winkel nach
unten. Der Blick ist nach vorne und
unten gerichtet. [Abb. 60 und 60A]

Abb. 60

Abb. 60A

56

8. Beugen Sie die Knie leicht, um in die Hocke zu gehen. Bewegen Sie gleichzeitig Ihre Handflächen entlang der hinteren Taille, Hüfte und Oberschenkel nach unten. Beugen Sie die Ellbogen, um Ihre Arme hinter Ihrem Körper hervor nach vorne zu heben und bilden Sie mit ihnen vor ihrem Unterleib auf Höhe des Bauchnabels einen Kreis. Die Handflächen zeigen nach innen und die Finger aufeinander. Der Blick ist nach vorne und unten gerichtet. [Abb. 61, 61A, 62 und 62A und 63]

Wiederholen Sie die Bewegungen 5 bis 8 vier Mal. Bilden Sie insgesamt sechs Mal den Laut „CHUI".

Abb. 61

57

Abb. 61A

Abb. 62

Abb. 62A

Abb. 63

❑ Die Lippen unterstützen die Bildung des Lautes „CHUI". Ziehen Sie zur Bildung des Lautes die Zunge und die Mundwinkel zurück und bringen Sie die hinteren Zähne des Ober- und Unterkiefers in eine Position parallel zueinander. Ziehen Sie die Mundwinkel soweit zurück, dass die Lippen gestreckt sind und atmen Sie die Luft durch die Kehle entlang der Seiten der Zunge und zwischen den gestreckten Lippen aus. [Abb. 64]

Abb. 64

❑ Atmen Sie aus und bilden Sie den Laut „CHUI", wenn Sie die Hände entlang Ihrer hinteren Taille nach unten bewegen und sie anheben, um vor ihrem Unterleib mit den Armen einen Kreis zu formen. Atmen Sie durch die Nase ein, wenn Sie die Hände entlang der Taille nach hinten bewegen.

Häufige Fehler

❑ Wenn Sie die Knie beugen, um sich hin zu hocken, und die Hände entlang Ihrer hinteren Taille und Oberschenkel nach unten bewegen, sind Ihre Bewegungen steif.

59

Korrektur

❑ Entspannen Sie die Arme und den Körper, um die Bewegung der fallenden Handflächen zu spüren.

Funktionen und Auswirkungen

◻ Nach der Theorie der traditionellen chinesischen Medizin reagieren die Nieren auf die Bildung des Lautes „CHUI". Das Ausatmen und die Bildung des Lautes „CHUI" helfen, die Nieren von trübem Qi zu befreien und ihre Funktionen zu regulieren.

◻ Nach der Theorie der traditionellen chinesischen Medizin ist die Taille Heimstatt der Nieren. Da sie sich an den Seiten der Wirbelsäule befinden, ist die Funktion der Taille eng mit der Funktion der Nieren verbunden. Handmassagen der Taille und des Unterleibs stärken die Taille und die Nieren, verbessern ihre Funktionen und beugen dem Altern vor.

XI-Übung

Übung 6

1. Diese Übung schließt an die in Abbildung 63 gezeigte Position an. Bewegen Sie die Hände aus der offenen Halteposition bis vor den unteren Unterleib nach unten. Der Blick ist nach vorne und unten gerichtet [Abb. 65] Drehen Sie die Handflächen nach innen und dann nach außen, wobei sich die Handrücken der beiden Hände nahe beieinander befinden. Die Handflächen zeigen nach außen und die Finger nach unten. Der Blick ist auf die Hände gerichtet [Abb. 66]

Abb. 65

Abb. 66

2. Strecken Sie langsam die Knie, um sich aufzurichten. Heben Sie Ellbogen und Hände auf eine Position vor Ihrer Brust. [Abb. 67]

Abb. 67

Heben Sie die Hände bis auf Höhe Ihres Gesichts und bewegen Sie sie dann in einem Bogen nach außen, bis in eine haltende, vom Kopf entfernte Position. Die Handflächen zeigen nach schräg oben. Der Blick ist nach vorne und oben gerichtet. [Abb. 68]

Abb. 68

3. Beugen Sie die Ellbogen, um Ihre Hände in eine Position vor dem Brustkorb und auf gleicher Ebene mit den Schultern zu bewegen. Die Finger zeigen aufeinander und die Handflächen nach unten. Der Blick ist nach vorne und unten gerichtet. [Abb. 69]

Abb. 69

Beugen Sie die Knie leicht, um eine hockende Position einzunehmen. Senken Sie gleichzeitig Ihre Hände langsam bis auf eine Position vor dem Bauchnabel. [Abb. 70]

Abb. 70

4. Bewegen Sie die Hände weiter nach unten und auseinander, bis sie sich in circa 15 Zentimetern Entfernung von der Seite der Hüftknochen befinden. Die Handflächen zeigen nach außen und die Finger nach unten. Der Blick ist nach vorne und unten gerichtet. [Abb. 71] Atmen Sie aus und bilden Sie den Laut XI, wenn Sie die Hände senken.

Abb. 71

5. Bewegen Sie Ihre Hände in eine Position vor Ihrem unteren Unterleib. Die Handflächen zeigen nach außen und die Finger nach unten. Die Augen sind auf die Hände fixiert. [Abb. 72]

Abb. 72

6. Strecken Sie langsam die Knie, um sich aufzurichten. Heben Sie Ellbogen und Hände auf eine Position vor Ihrer Brust. [Abb. 73]

Abb. 73

Heben Sie die Hände bis auf Höhe Ihres Gesichts und bewegen Sie sie dann in einem Bogen nach außen, von Ihrem Kopf weg, bis in eine haltende Position. Die Handflächen zeigen nach schräg oben. Der Blick ist nach vorne und oben gerichtet. [Abb. 74]

Abb. 74

7. Beugen Sie die Ellbogen, um Ihre Hände in eine Position vor dem Brustkorb und auf gleicher Ebene mit den Schultern zu bewegen. Die Finger zeigen aufeinander und die Handflächen nach unten. Der Blick ist nach vorne und unten gerichtet. [Abb. 75]

Abb. 75

Beugen Sie die Knie leicht, um eine hockende Position einzunehmen. Senken Sie gleichzeitig Ihre Hände langsam bis auf eine Position vor dem Bauchnabel. Der Blick ist nach vorne und unten gerichtet. [Abb. 76]

Abb. 76

8. Bewegen Sie die Hände weiter nach unten und auseinander, bis sie sich in circa 15 Zentimetern Entfernung von der Seite der Hüftknochen befinden. Die Handflächen zeigen nach außen und die Finger nach unten. Der Blick ist nach vorne und unten gerichtet. [Abb. 77] Atmen Sie aus und bilden Sie den Laut „XI", wenn Sie die Hände senken.

Wiederholen Sie die Bewegungen 5 bis 8 vier Mal. Bilden Sie den Laut „XI" insgesamt sechs Mal.

Abb. 77

Zu beachten

□ Die Zähne unterstützen die Bildung des Lautes „XI". Berühren Sie bei der Bildung des Lautes mit der Zungenspitze die unteren Zähne, ziehen Sie die Mundwinkel leicht nach hinten und oben, lassen Sie einen schmalen Spalt zwischen den hinteren Zähnen und atmen Sie durch diesen Spalt aus. [Abb. 78]

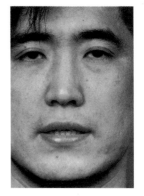

Abb. 78

□ Atmen Sie durch die Nase ein, wenn Sie die Ellbogen anheben und die Hände auseinander bewegen und ebenfalls anheben. Bilden Sie den Laut „XI", wenn Sie die Hände in einer entspannten Art und Weise nach unten und außen drücken.

Häufige Fehler

□ Beim Senken der Hände aus der offenen Halteposition der vorangegangenen Bewegung in eine Position vor dem unteren Unterleib, werden die Knie gestreckt, um sich aufzurichten.

Korrektur

□ Halten Sie die Knie im korrekten Winkel fixiert, wenn Sie die Hände senken.

Funktionen und Auswirkungen

□ Nach der Theorie der traditionellen chinesischen Medizin reagiert die Lebensenergie des Shaoyang-Meridians und der Sanjiao (die drei Körperhöhlen, in denen sich die inneren Organe befinden) auf die Bildung des Lautes „XI". Das Ausatmen und Bilden des Lautes „XI" helfen, die Kanäle zu reinigen und die Zirkulation der inneren Energie sowie die Funktion der verschiedenen Organe zu verbessern.

□ Die Abfolge der Bewegungen wie zum Beispiel Heben, Ausstrecken oder Nachuntendrücken, Entspannen, Nachinnendrehen, sowie das Zusammenführen der Hände hilft, den Lungenraum zu strecken und zusammenzuziehen. Die beiden Funktionen sind interaktiv und regulieren gemeinsam die Zirkulation von Blut und Energie im ganzen Körper.

Abschlussposition

Diese Übung schließt unmittelbar an die in Abbildung 77 beschriebenen Bewegungen an. Drehen Sie die Handflächen nach innen. [Abb. 79] Bewegen Sie sie langsam vor den Unterleib und legen Sie sie übereinander, wobei Daumen und Zeigefinger der beiden Hände ineinander verschränkt sind und die Hände leicht den Bauchnabel bedecken. Strecken Sie gleichzeitig langsam Ihre Knie, um sich aufzurichten. Der Blick ist nach vorne und unten gerichtet. [Abb. 80 und 81]

Abb. 79

Abb. 80

Abb. 81

Reiben Sie Ihren Unterleib um den Bauchnabel kreisförmig. Bewegen Sie die Hände dabei zuerst in sechs Kreisbewegungen mit und dann in sechs Kreisbewegungen gegen den Uhrzeigersinn. Lassen Sie anschließend Ihre Arme locker an der Seite des Körpers hängen. Der Blick ist nach vorne und unten gerichtet. [Abb. 82]

Abb. 82

| Zu beachten |

☐ Entspannen Sie den Körper, um Ihren Geist in einem ruhigen Zustand zu halten, wobei Qi gesammelt und reguliert wird, um eine ruhige innere Kultivierung zu ermöglichen.

70

| Funktionen und Auswirkungen |

☐ Die Sammlung und Regulierung von Qi sowie das Reiben des Unterleibs um den Nabel herum helfen, die Lebensenergie zurück zu ihrem ursprünglichen Ort zu leiten. Außerdem hilft sie dem Praktizierenden, den Zustand von vor dem Training zurück zu erlangen.

Anhang
In dem Buch erwähnte
Akkupunkte

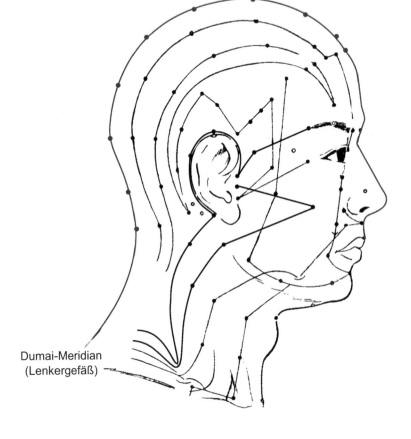

Dumai-Meridian
(Lenkergefäß)

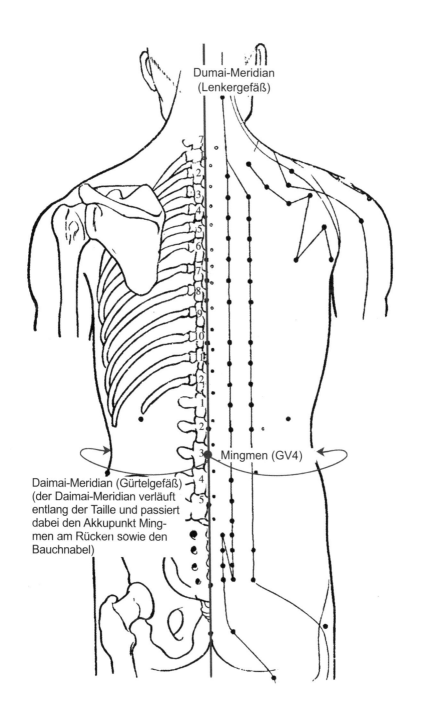

Dumai-Meridian
(Lenkergefäß)

Mingmen (GV4)

Daimai-Meridian (Gürtelgefäß)
(der Daimai-Meridian verläuft
entlang der Taille und passiert
dabei den Akkupunkt Ming-
men am Rücken sowie den
Bauchnabel)

图书在版编目（CIP）数据

六字诀：德文/国家体育总局健身气功管理中心编.
北京：外文出版社，2008
（健身气功丛书）
ISBN 978-7-119-05432-2
I.六... II.国 ... III.武术−中国−德文 IV．G852
中国版本图书馆CIP数据核字（2008）第114204号

德文翻译：Dorian Liedtke
德文审定：任树银
责任编辑：杨春燕　付　瑶
印刷监制：冯　浩

健身气功——六字诀
国家体育总局健身气功管理中心　编

© 2008外文出版社
出版发行：
外文出版社（中国北京百万庄大街24号）
邮政编码：　100037
网址：http://www.flp.com.cn
电话：008610−68320579（总编室）
　　　008610−68995852（发行部）
　　　008610−68327750（版权部）

制版：
北京维诺传媒文化有限公司
印刷：
北京外文印刷厂

开本：787mm×1092mm　1/16　印张：5.25
2008年第1版第1次印刷
（德文）
ISBN 978-7-119-05432-2
07800（平装）
14−G−3787P